westermann

Uli Greßler

Qualitätsmanagement

Überwachung der Produkt- und Prozessqualität

3. Auflage

Bestellnummer 05267

© 2025 Westermann Berufliche Bildung GmbH, Ettore-Bugatti-Straße 6-14, 51149 Köln
www.westermann.de

Das Werk und seine Teile sind urheberrechtlich geschützt. Jede Nutzung in anderen als den gesetzlich zugelassenen bzw. vertraglich zugestandenen Fällen bedarf der vorherigen schriftlichen Einwilligung des Verlages. Wir behalten uns die Nutzung unserer Inhalte für Text und Data Mining im Sinne des UrhG ausdrücklich vor. Nähere Informationen zur vertraglich gestatteten Anzahl von Kopien finden Sie auf www.schulbuchkopie.de.

Für Verweise (Links) auf Internet-Adressen gilt folgender Haftungshinweis: Trotz sorgfältiger inhaltlicher Kontrolle wird die Haftung für die Inhalte der externen Seiten ausgeschlossen. Für den Inhalt dieser externen Seiten sind ausschließlich deren Betreiber verantwortlich. Sollten Sie daher auf kostenpflichtige, illegale oder anstößige Inhalte treffen, so bedauern wir dies ausdrücklich und bitten Sie, uns umgehend per E-Mail davon in Kenntnis zu setzen, damit beim Nachdruck der Verweis gelöscht wird.

Druck und Bindung: Westermann Druck GmbH, Georg-Westermann-Allee 66, 38104 Braunschweig

ISBN 978-3-427-05267-8

Vorwort

Zielgruppe

Die Inhalte sind für die Schüler der Techniker- wie der Berufsschule ausgelegt. Zudem für Unterrichtsfächer mit dem Thema „Qualitätsmangement und Statistik".

Inhalt

In der Massen- bzw. Serienfertigung muss der Produktionsprozess mit Methoden der Qualitätssicherung überwacht werden, um die Prozess- und Produktqualität nach Kundenvorgabe zu erfüllen.

Das nachfolgende Mindmap gibt einen Überblick über die Dimensionen bei der Qualitätssicherung:

Folgende Aspekte/Themenbereiche spielen dabei eine zentrale Rolle und werden im vorliegenden Arbeitsheft aufgegriffen:
- Darstellung von Ursache-Wirkungs-Zusammenhängen von Prozessen
- systematische und zufällige Einflussgrößen
- Kenngrößen
- grafische und mathematische Auswertung von Prozessdaten
- Anwendung von statistischen Verfahren
- Qualitätsregelkarten

Vorwort zur 3. Auflage

In der vorliegenden Auflage wurden folgende Inhalte neu aufgenommen bzw. aktualisiert:
- Sinn, Zweck und Durchführung einer „Fehlermöglichkeits- und Einflussanalyse (FMEA)"

Autor und Verlag sind für kritische Hinweise und Verbesserungsvorschläge an service@westermann.de dankbar.

Frühjahr 2025   Die Verfasser und Verfasserinnen

Inhaltsverzeichnis

Vorwort 3

1 Überwachung der Produkt- und Prozessqualität 5
    1.1   7M-Störgrößen 6
    1.2   Ursache-Wirkungs-Diagramm 7

2 Stichprobenprüfung an einem Drehteil 9
    2.1   Der Prüfplan 9
    2.2   Grafische Darstellung der Messwerte 12
    2.2.1 Die Strichliste 12
    2.2.2 Das Histogramm 13
    2.2.3 Die Normalverteilung (Gauß'sche Glockenkurve) 13
    2.2.4 Das Wahrscheinlichkeitsnetz 18

3 Statistische Prozessregelung 21
    3.1   Die Maschinenfähigkeitsuntersuchung 21
    3.2   Die Prozessfähigkeitsuntersuchung 23
    3.3   Die Qualitätsregelkarte 26
    3.3.1 Die Shewhart-Regelkarte 26
    3.3.2 Regelkartenanalyse 29

4 Fehlermöglichkeits- und Einflussanalyse (FMEA) 34
    4.1   Zweck der FMEA 34
    4.2   Aufbau des FMEA-Formulars 34
    4.3   Ausfüllen eines FMEA-Formulars 35
    4.4   FMEA am Fallbeispiel eines Handtuchs 36

5 Sachwortverzeichnis 38

6 Bildquellenverzeichnis 39

1 Überwachung der Produkt- und Prozessqualität

Die ständige Verbesserung der Arbeitsabläufe, der Arbeitsergebnisse und der Kundenzufriedenheit sollte ein permanent verfolgtes Ziel des Unternehmens sein und dessen Erreichung entsprechend gefördert und unterstützt werden. Das **Prozessmodell** der Norm DIN ISO 9001 verknüpft die Hauptkapitel der Norm in logischer Art. Ausgehend von der „VERANTWORTUNG DER LEITUNG" (Q-Politik, Q-Ziele) findet ein „MANAGEMENT DER RESSOURCEN" statt. Diese Planung und Bereitstellung der Ressourcen ist Voraussetzung für die „PRODUKTREALISIERUNG". Die Ergebnisse der Produktrealisierung bedürfen der „MESSUNG, ANALYSE UND VERBESSERUNG", um aus den erbrachten Leistungen und Ergebnissen zu lernen und um wiederum als Eingabe und Information für die oberste Leitung zu dienen. Funktioniert dieser Regelkreis, ist zwangsläufig mit einer **ständigen Verbesserung** der Unternehmensleistung zu rechnen.

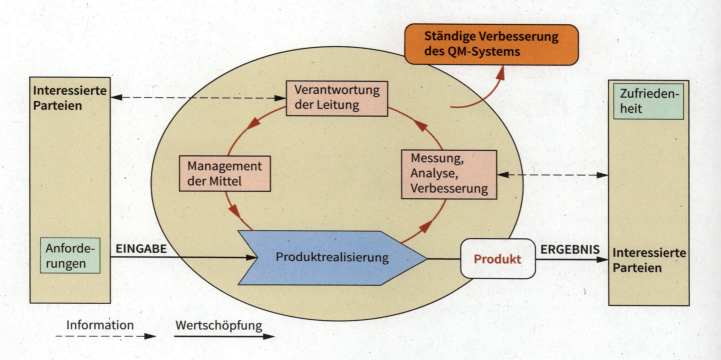

Bild 1.1: Prozessmodell der DIN EN ISO 9001

Die Anforderung „Messung, Analyse, Verbesserung" der Norm schreibt die Überwachung der Prozesse vor. Ein brauchbares Mittel, um die Überwachung der Produktion durchzuführen, ist die **statistische Prozessregelung** (SPC). Die Überwachung der Produktion soll darlegen, ob die Kundenanforderungen an das Produkt erfüllt werden. Der Nachweis der Konformität (Übereinstimmung mit der Anforderung) der Produkte muss erbracht werden. Erkannte fehlerhafte Produkte bedürfen besonderer Handhabung. So müssen Sofortmaßnahmen ergriffen werden, um den Fehler zu beseitigen, bzw. es müssen Korrekturmaßnahmen eingeleitet werden, um ein Wiederauftreten des Fehlers zu verhindern.

Da bei der **100 %-Prüfung** alle Teile auf die gestellten Qualitätsanforderungen geprüft werden und damit zu hohe Prüfkosten einhergehen, werden bei der statistischen Prozessregelung dem Prozess aus der Grundgesamtheit (N) **Stichproben** (n) entnommen. Dies ermöglicht ein wirtschaftliches Prüfen. Die **Grundgesamtheit** ist eine Menge, die endlich oder auch unendlich viele Einheiten umfasst. Beispiel einer endlichen Menge ist die Tagesproduktion von Drehteilen. Bei der Fertigung geht man meist von unendlich vielen Einheiten aus. Stellvertretend für die Grundgesamtheit steht die Stichprobe. Die Stichprobenentnahme muss von gleichem Umfang, in gleichen Zeitabständen und mit einer ausreichenden Häufigkeit erfolgen, um Veränderungen im Prozess schnell zu erkennen. Bei Entnahme der Stichprobe müssen alle Einheiten der Stichprobe direkt hintereinander gefertigt worden sein. Während der Datenerhebung darf der Prozess nicht beeinflusst oder verändert werden.

1 Überwachung der Produkt- und Prozessqualität

Mit den vom Werker oder automatisch ermittelten Prüfergebnissen während der laufenden Produktion, auch **On-line-Prüfung** genannt, werden geschlossene Regelkreise zur optimalen Prozessführung aufgebaut.

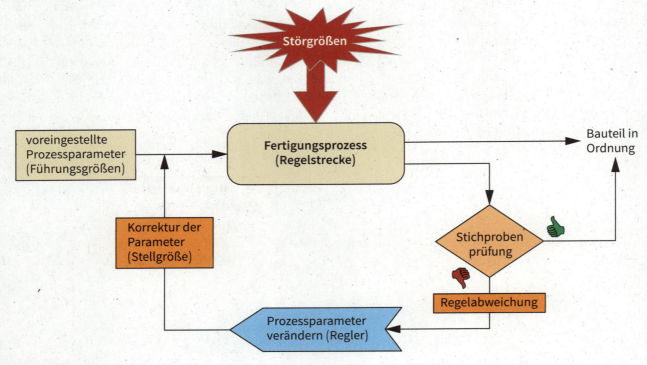

Bild 1.2: Regelkreis

Beim PRÜFEN werden die Prozessdaten erfasst und mit den VOREINGESTELLTEN PROZESS-PARAMETERN verglichen. REGELABWEICHUNGEN vom Sollwert führen zu Maßnahmen am Prozess. Der REGLER lenkt den Prozess in die gewünschte Richtung. Die **7M-Störgrößen** beeinflussen den Prozess, indem sie die Streuung der Merkmalswerte (Messwerte) verursachen. Ziel der Prozessregelung ist es, diese Streuung in Grenzen zu halten.

1.1 7M-Störgrößen

Aufgabe: Nennen Sie Beispiele zu den einzelnen 7M-Störgrößen.

Die 7M-Störgrößen

Mensch: _____

Maschine: _____

Material: _____

Management: _____

Methode: _____

Mitwelt: _____

Messbarkeit: _____

Wird der Einfluss der Störgrößen verringert, verkleinert sich auch die Streuung der Merkmalswerte. Eine verringerte Streuung wirkt sich auf die Qualität und Lebensdauer eines Produkts positiv aus. Um eine zu große Prozessstreuung zu verringern, kann zur Analyse ein Ursachen-Wirkungs-Diagramm angewendet werden.

1.2 Ursache-Wirkungs-Diagramm

Das **Ursache-Wirkungs-Diagramm** wird auch Ishikawa-Diagramm oder Fischgräten-Diagramm genannt. Es wird benutzt, um mögliche systematische und **zufällige Einflüsse** (→ Ursachen) auf ein vorhandenes und zu bearbeitendes Kriterium (→ Wirkung) zu ermitteln und darzustellen. Die zufälligen Einflüsse beruhen auf der natürlichen Streuung, die während des Prozesses im ungestörten Zustand entsteht (z. B. kleine Temperaturschwankungen). **Systematische Einflüsse** verschieben die Lage des Prozesses (z. B. Werkzeugverschleiß). Die statistische Prozessregelung erkennt systematische Einflüsse des Prozesses und kompensiert diese. Als grundsätzliche Einflüsse sind meist die 7M-Störgrößen vordefiniert. Unter diesen Überbegriffen werden die detaillierteren Einflüsse ermittelt und in das Diagramm eingetragen. Das Ishikawa-Diagramm ist eine gute Möglichkeit, sich einen Gesamtüberblick über die auf das Kriterium wirkenden Einflüsse zu verschaffen.

Erstellen eines Ursache-Wirkungs-Diagramms

1. Beschreiben Sie detailliert das zu bearbeitende Kriterium (Beispiel: Streuung von Merkmalswerten).

2. Finden Sie die Einflüsse (Ursachen) für das Kriterium mittels Brainstorming oder anhand von Strichlisten heraus.

3. Erstellen Sie das Diagramm wie folgt:
   a) Geben Sie das Kriterium auf der rechten Seite (*Wirkung*) an.
   b) Schreiben Sie die ermittelten Einflüsse unter die jeweils vordefinierten Überbegriffe (7M) auf die linke Seite (*Ursachen*).

Aufgabe: Die Produktion unseres Drehteils liefert eine zu große Streuung. Ermitteln Sie mögliche Ursachen und tragen Sie diese entsprechend in das Ursache-Wirkungs-Diagramm ein.

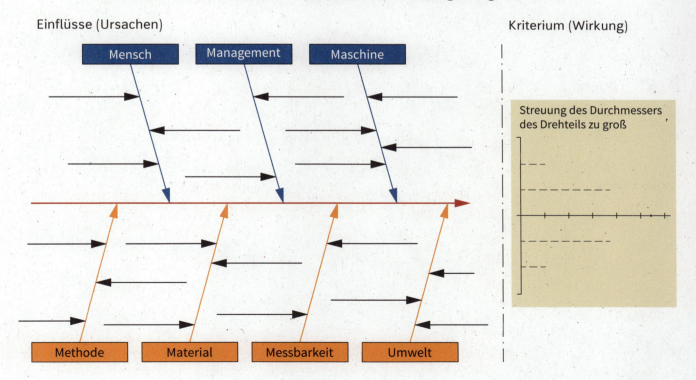

Bild 1.3: Ursache-Wirkungs-Diagramm

1.2 Ursache-Wirkungs-Diagramm

Aufgabe: Tragen Sie die ermittelten Ursachen und weitere bezogen auf die Messbarkeit in die folgende Tabelle sortiert nach systematischen und zufälligen Einflüssen ein.

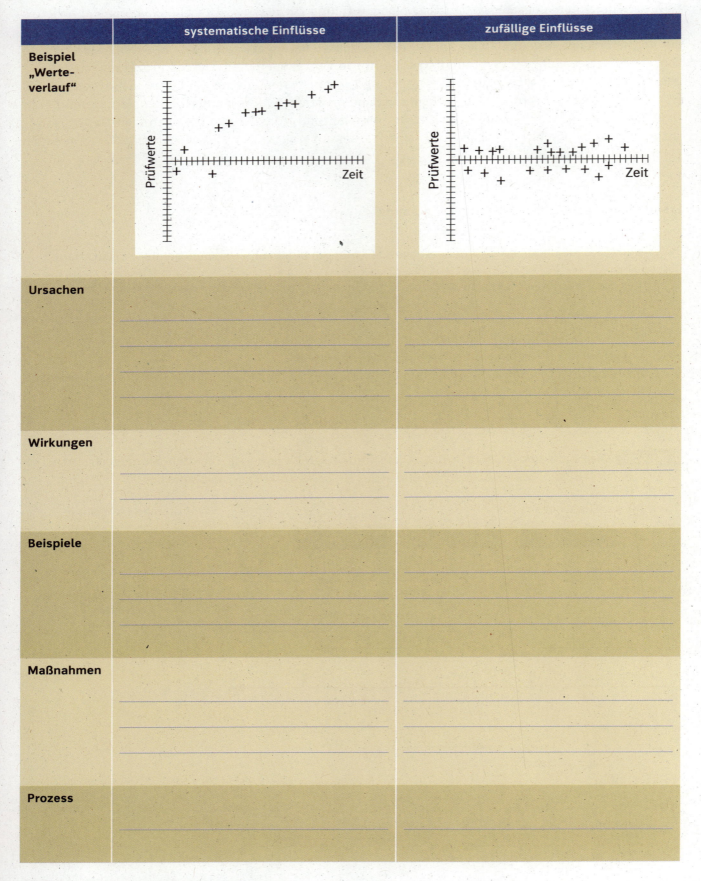

Bild 1.4: Systematische und zufällige Einflüsse

2 Stichprobenprüfung an einem Drehteil

Das gezeichnete Drehteil soll in einer Serienproduktion hergestellt werden. Die Herstellung pro Drehteil beträgt 16 Sekunden. In unserem Beispiel werden nach Prüfplan (siehe Bild 2.2) 5 Drehteile in einem Zeitraum von 2 Stunden aus der Produktion genommen und gemessen. Zum Beurteilen des Prozesses müssen mindestens 25 Stichproben gezogen werden. Dies ergibt somit eine Beobachtungsdauer von 50 Stunden (25 Stichproben gezogen alle 2 Stunden). Sie erhalten insgesamt 125 Messwerte, welche in dem Messprotokoll auf Seite 9 aufgelistet sind. In den 50 Stunden wurden 11250 Drehteile produziert, von denen nur 125 gemessen wurden. Wie man feststellen kann, geht der größte Teil der Drehteile ungemessen zum Kunden. Die Aufgabe der statistischen Berechnung ist es, auf Basis der gemessenen Teile, die nicht gemessenen Teile zu beurteilen.

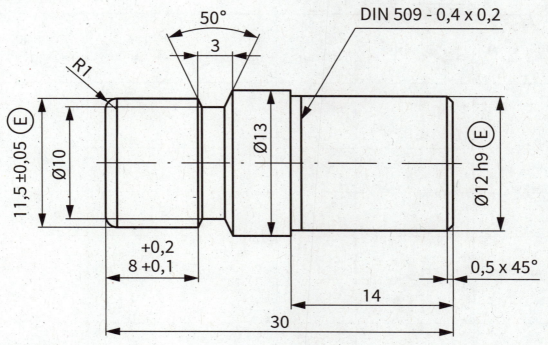

Bild 2.1: Drehteil

2.1 Der Prüfplan

Bevor ein Merkmal gemessen werden kann, wird ein **Prüfplan** erstellt, der die **W-Fragen** beantworten muss.

Aufgabe: Ergänzen Sie die einzelnen Fragen mit Beispielen.

„WAS?" Prüfmerkmal beschreiben, _____

„WIE VIEL?" Prüfumfang festlegen, _____

„WOMIT?" Prüfmittel auswählen, _____

„WIE?" Prüfmethode festlegen, _____

„WANN?" Prüfzeitpunkt festlegen, _____

„DURCH WEN?" Prüfer festlegen, _____

„WO?" Prüfort festlegen, _____

„PRÜFDATEN?" Prüfergebnisse dokumentieren, _____

2 Stichprobenprüfung an einem Drehteil   **2.1 Der Prüfplan**

Aufgabe: Ergänzen Sie den folgenden Prüfplan für das kontinuierliche Merkmal Ø 12h9, messen Sie ggf. danach das Merkmal und tragen Sie die Messwerte in die unten stehende Tabelle ein.

Prüfplan

		Prüfplan			Dok.-Nr.: Q-443895-8/08 Blatt: 1 von 1
	Ident.-Nr.: 275			Zeichnungs-Nr.: 77A8596	
	Benennung.: Drehteil			Prüfplan-Nr.: 10	

lfd. Nr.	Prüfmerkmal	Prüfmittel	Prüf-umfang	Prüf-methode	Prüf-zeitpunkt	Prüf-dokumentation
1						
2						
3						
4						
5						
6						
7						
8						
9						

Prüfmethode:
- 1 = Werker-Selbstprüfung
- 2 = Prüfung durch Qualitätssicherung
- 3 = Prüfung durch Messraum
- 4 = Prüfung durch Labor
- V = variabel (quantitativ ermitteln)
- A = attributiv (qualitativ ermitteln)
- n = Anzahl der Teile aus dem Gesamtlos (Stichprobe)

Erstellt:	Greßler				
Datum:	12.08.2008				
Freigabe:	Göppel				
Änderungsstand:					
Verteiler:	Greßler	Göppel	Schmid	Maier	

Bild 2.2: Prüfplan

2.1 Der Prüfplan — 2 Stichprobenprüfung an einem Drehteil

Messprotokoll „Drehteil" (Alle Messwerte sind in mm angegeben)

	Stichprobe 1	Stichprobe 2	Stichprobe 3	Stichprobe 4	Stichprobe 5	Stichprobe 6	Stichprobe 7	Stichprobe 8	Stichprobe 9
	11,981	11,967	11,968	11,967	11,964	11,959	11,983	11,965	11,961
	11,981	11,962	11,958	11,967	11,961	11,965	11,962	11,960	11,969
	11,971	11,968	11,968	11,969	11,957	11,960	11,970	11,958	11,973
	11,960	11,980	11,965	11,969	11,974	11,964	11,971	11,966	11,966
	11,964	11,966	11,967	11,965	11,967	11,971	11,982	11,965	11,978
$\bar{x}$									
R									
s									

	Stichprobe 10	Stichprobe 11	Stichprobe 12	Stichprobe 13	Stichprobe 14	Stichprobe 15	Stichprobe 16	Stichprobe 17	Stichprobe 18
	11,959	11,969	11,968	11,978	11,958	11,963	11,969	11,968	11,964
	11,964	11,967	11,962	11,965	11,978	11,963	11,973	11,967	11,968
	11,968	11,969	11,966	11,966	11,979	11,963	11,967	11,963	11,993
	11,968	11,959	11,967	11,965	11,977	11,971	11,995	11,965	11,969
	11,965	11,965	11,972	11,961	11,966	11,967	11,965	11,975	11,964
$\bar{x}$									
R									
s									

	Stichprobe 19	Stichprobe 20	Stichprobe 21	Stichprobe 22	Stichprobe 23	Stichprobe 24	Stichprobe 25
	11,970	11,971	11,967	11,969	11,958	11,967	11,969
	11,964	11,973	11,967	11,963	11,958	11,981	11,962
	11,976	11,971	11,968	11,984	11,971	11,967	11,968
	11,978	11,965	11,977	11,965	11,964	11,967	11,963
	11,971	11,965	11,969	11,966	11,971	11,966	11,958
$\bar{x}$							
R							
s							

Hinweis: Dem Messprotokoll können Sie entnehmen, dass die Ist-Maße einiger Werkstücke vom Nennmaß abweichen. Diese Abweichungen werden als Streuung bezeichnet. Die Toleranzgrenzen des Drehteils sind: OGW = 12,000 mm, UGW = 11,957 mm.

2.2 Grafische Darstellung der Messwerte

Da eine Tabelle aus Messwerten sehr unübersichtlich ist, um Aussagen über den Prozess zu treffen, werden diese Werte grafisch dargestellt. Hierfür eignet sich ein Histogramm. Das Histogramm ist ein Balkendiagramm, das aus den Messwerten resultiert. Um ein Histogramm zeichnen zu können, wird zuerst eine **Strichliste** erstellt.

2.2.1 Die Strichliste

Erstellen einer Strichliste

1. Zählen Sie die Anzahl der Messwerte.
2. Bestimmen Sie den Bereich **R (= Spannweite)** für die gesamte Stichprobe: $R = x_{max} - x_{min}$, dabei ist x_{max} der größte und x_{min} der kleinste Wert der Stichprobe.
3. Berechnen Sie die Anzahl der **Klassen k**: $k \cong \sqrt{n}$
4. Errechnen Sie die **Klassenweite w**:

   $w \cong \dfrac{R}{k}$

5. Ermitteln Sie die Klassengrenzen durch erneutes Addieren von jeweils der Klassenweite w wie folgt:
   Klasse 1: x_{min} bis $x_{min} + w$
   Klasse 2: $x_{min} + w$ bis $x_{min} + 2 \cdot w$
   -
   -
   - usw.
6. Ordnen Sie nun die Messwerte in die richtigen Klassen ein.

Aufgabe: Erstellen Sie eine Strichliste zu dem Beispiel „Drehteil" für alle Stichproben. Berechnung der Werte (siehe Messprotokoll „Drehteil"):

n	gesamte Anzahl Messwerte
n_j	einzelner Messwert
R	Spannweite
x_{max}	größter Messwert
x_{min}	kleinster Messwert
k	Anzahl der Klassen
w	Klassenweite

Bild 2.3: Strichliste „Durchmesser des Drehteils" (125 Messwerte)

2.2.2 Das Histogramm

Das **Histogramm** dient zur Erkennung und Darstellung der Streuung von Messdaten.
Erstellen eines Histogramms

> 1. Erstellen Sie eine Strichliste der Messwerte.
> 2. Zeichnen Sie auf Basis der Strichliste das Histogramm. Das Histogramm ist die grafische Abbildung einer Strichliste.

Die Anzahl der Messwertklassen entspricht der Anzahl der Balken.

Aufgabe: Erstellen Sie ein Histogramm zu dem Beispiel „Drehteil" für alle Stichproben.

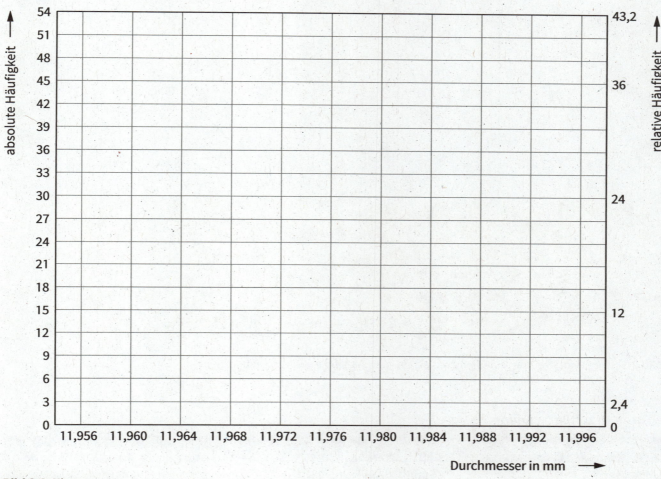

Bild 2.4: Histogramm

Werden die Balkenspitzen durch eine Kurve miteinander verbunden, erhalten wir die Normalverteilung (früher **Gauß'sche Glockenkurve** genannt).

2.2.3 Die Normalverteilung (Gauß'sche Glockenkurve)

Die gemessenen Daten müssen den natürlichen Verlauf widerspiegeln, d.h., es sind keine systematischen Einflüsse vorhanden. Nur dann ist die Normalverteilung gültig. Bei einem Fertigungsprozess kann von einem natürlichen Verlauf ausgegangen werden. Die Häufigkeit von unendlich vielen Messwerten in unendlich schmalen Klassen ergibt in den meisten Fällen eine **Normalverteilung**. Um die Glockenkurve zeichnen zu können, errechnet man aus den ermittelten Daten der Stichprobe den Prozessparameter „**Mittelwert**" und den Prozessparameter „**Standardabweichung**" bzw. „**Spannweite**". Der Mittelwert $\bar{x}$ (gesprochen x-quer) beschreibt die **Lage** des Prozesses und die Standardabweichung s bzw. Spannweite R die **Streuung** des Prozesses.

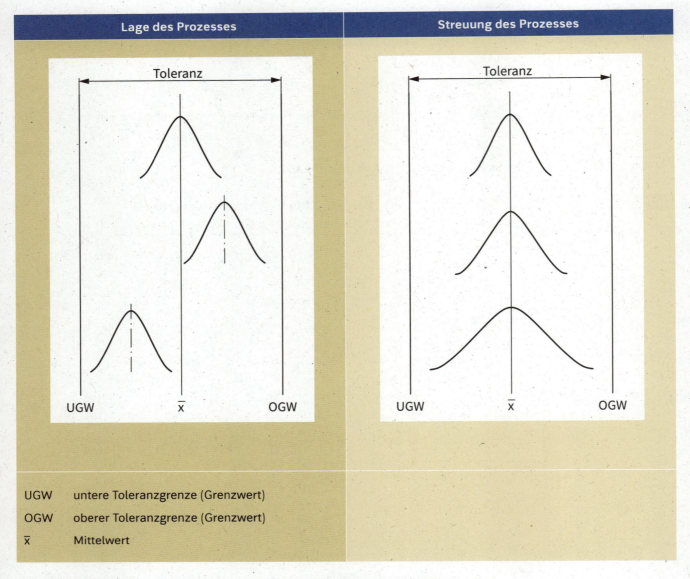

Bild 2.5: Lage und Streuung eines Prozesses (dargestellt sind jeweils 3 Stichproben)

– Formeln zur Berechnung 1 –

Berechnung der Lage:	Berechnung der Streuung:	Berechnung der Streuung:
Mittelwert $\bar{x}$: $\bar{x} = \dfrac{\text{Summe aller erfassten Messwerte}}{\text{Anzahl der erfassten Messwerte}}$ $\bar{x} = \dfrac{\sum_{i=1}^{n} x_i}{n}$	Standardabweichung s: $s = \sqrt{\dfrac{\sum_{i=1}^{n}(x_i - \bar{x})^2}{n-1}}$	Spannweite (Range) R: $R = x_{max} - x_{min}$ x_{max}: größter Messwert x_{min}: kleinster Messwert
n Stichprobenumfang i = 1 ... n Einzelmesswerte x_i einzelner Messwert	Das Ergebnis ist mathematisch genau und wird von der Industrie gefordert.	Das Ergebnis ist mathematisch ungenau.

UGW untere Toleranzgrenze (Grenzwert)
OGW oberer Toleranzgrenze (Grenzwert)
$\bar{x}$ Mittelwert

Aufgabe: Berechnen Sie den Mittelwert $\bar{x}$, die Spannweite **R** und die Standardabweichung **s** für alle 25 Stichproben und tragen Sie die Ergebnisse in die entsprechende Zelle der Tabelle auf Seite 9 ein. Die Berechnung für die 1. Stichprobe ergibt:

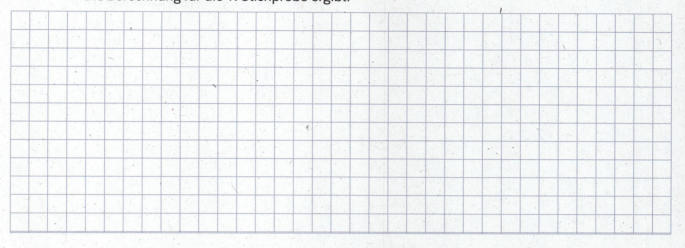

Die Glockenkurve ist durch die Parameter Mittelwert $\bar{x}$ und Standardabweichung s bestimmt.

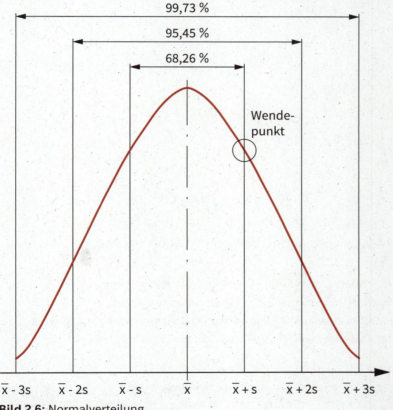

Bild 2.6: Normalverteilung

Weiter gilt: $\bar{x} \pm 4 \cdot s \Rightarrow 99{,}994\,\%$, $\bar{x} \pm 5 \cdot s \Rightarrow 99{,}999943\,\%$ etc.

Die Prozentzahlen der Normalverteilung ergeben sich aus dem Flächenanteil zwischen den beiden Grenzwerten unter der Kurve. 100 % der Fläche unter der Kurve ergeben alle Teile der Grundgesamtheit. Sind Mittelwert $\bar{x}$ und Standardabweichung s einer normalverteilten Stichprobe bekannt, so ist es möglich, den Anteil aller Teile, aus denen die Stichprobe entnommen wurde (Grundgesamtheit), vorauszusagen, wenn sie zwischen zwei Grenzen (z. B. +4s und −4s) liegen. In dem Bereich +4s und −4s der normalverteilten Stichprobe liegen beispielsweise 99,994 % aller Teile der Produktion. Es sind 0,003 % aller Teile größer und 0,003 % aller Teile kleiner als die Grenzwerte. Außerdem kann man eine Aussage über den weiteren Verlauf eines Prozesses machen, ohne diesen 100 %ig erprüfen zu müssen.

2.2 Grafische Darstellung der Messwerte

Aufgabe: Zeichnen Sie zu der ersten Stichprobe die Normalverteilung und zeichnen Sie die Toleranzgrenzen ein. Bestimmen Sie ungefähr den wahrscheinlichen Ausschussanteil.

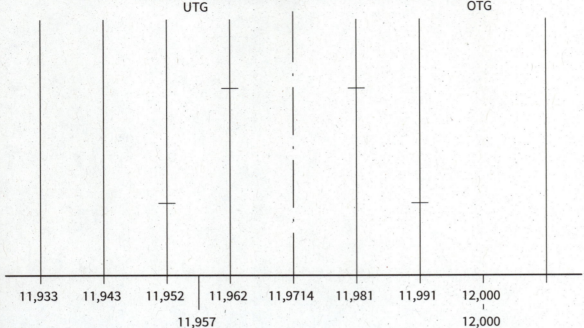

Bild 2.7: Normalverteilung der Stichprobe 1

Betrachten wir zunächst die linke symmetrische Seite der Kurve:

Die untere Toleranzgrenze liegt auf 1,5 s, d. h.[1] _____

Nun betrachten wir die rechte symmetrische Seite der Kurve:

Die obere Toleranzgrenze liegt ca. auf 3 s, d. h. _____

_____

Hinweis: Um den exakten wahrscheinlichen Ausschussanteil zu bestimmen, muss man mit der standardisierten Normalverteilung rechnen.

In unserem Beispiel wurden insgesamt 25 Stichproben entnommen. Das ergibt für das gesamte Los 25 Normalverteilungen. Wenn der Kunde nun das Los abkauft, will er nur eine Normalverteilung stellvertretend für alle Stichproben sehen. Dazu muss man aus allen Stichproben den **geschätzten Prozessmittelwert** $\hat{\mu}$ (gesprochen mü-Dach) und die **geschätzte Prozessstandardabweichung** $\hat{\sigma}$ (gesprochen sigma-Dach) berechnen.

– Formeln zur Berechnung 2 –

Berechnung der Lage:	Berechnung der Streuung:
Geschätzter Prozessmittelwert $\hat{\mu}$:	Geschätzte Prozessstandardabweichung $\hat{\sigma}$:
$\hat{\mu} = \bar{\bar{x}} = \dfrac{\text{Summe aller Mittelwerte der Stichprobe}}{\text{Anzahl der Mittelwerte}}$	$\hat{\sigma} = \dfrac{\bar{s}}{a_n} = \dfrac{\sum_{j=1}^{k} s_j}{k \cdot a_n}$ $\hat{\sigma} = \dfrac{\bar{R}}{d_n} = \dfrac{\sum_{j=1}^{k} R_j}{k \cdot d_n}$
$\hat{\mu} = \bar{\bar{x}} = \dfrac{\sum_{j=1}^{k} \bar{x}_j}{k}$	$j = 1 \ldots n$ Einzelstandardabweichungen bzw. Einzelspannweiten k Anzahl der Standardabweichungen bzw. Spannweiten a_n und d_n Korrekturfaktor
$j = 1 \ldots n$ Einzelmittelwerte k Anzahl der Mittelwerte	

---
[1] Wert aus Tabelle der standardisierten Normalverteilung (u-Verteilung)

Tabelle[2] zur Berechnung der geschätzten Prozessstandardabweichung $\hat{\sigma}$:

Stichprobenumfang n	Faktor a_n	Faktor d_n
2	0,7979	1,128
3	0,8862	1,693
4	0,9213	2,059
5	0,9400	2,326
6	0,9515	2,543
7	0,9594	2,704
8	0,9650	2,847
9	0,9693	2,970
10	0,9727	3,078

Hinweis: Die Faktoren a_n und d_n sind abhängig vom Stichprobenumfang n tabelliert.

Aufgabe: Berechnen Sie die geschätzten Prozessparameter $\hat{\mu}$ und $\hat{\sigma}$.

Die Berechnung ergibt:

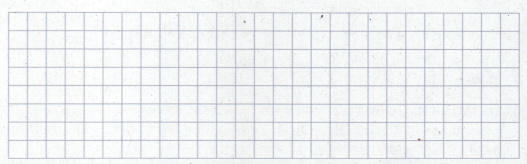

Aufgabe: Zeichnen Sie für alle 25 Stichproben die Normalverteilung und zeichnen Sie die Toleranzgrenzen ein. Bestimmen Sie ungefähr den wahrscheinlichen Ausschussanteil.

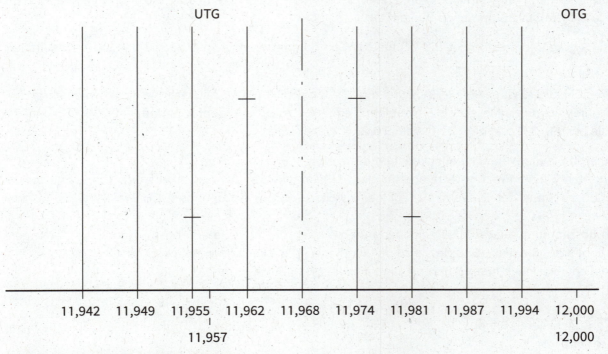

Bild 2.8: Normalverteilung aller Stichproben

---
[2] Tabelle nach VDA

Betrachten wir zunächst die linke symmetrische Seite der Kurve auf Seite 15:

_____

Nun betrachten wir die rechte symmetrische Seite der Kurve auf Seite 15:

_____

_____

Hinweis: Um den exakten wahrscheinlichen Ausschussanteil zu bestimmen, muss man mit der standardisierten Normalverteilung rechnen.

2.2.4 Das Wahrscheinlichkeitsnetz

Durch die Übertragung der Werte aus der Verteilungskurve in ein **Wahrscheinlichkeitsnetz** wird die Kurve zu einer Geraden verzerrt, die man **Wahrscheinlichkeitsgerade** nennt. Die Wahrscheinlichkeitsgerade wird mit den Werten der Strichliste bzw. des Histogramms ermittelt.

Zum Erstellen der Wahrscheinlichkeitsgeraden gehen Sie wie folgt vor:

1. Erstellen Sie aus Ihren gemessenen Werten die zugehörige Strichliste (siehe Strichliste „Durchmesser des Drehteils").

2. Überprüfen Sie, ob die Form der aufgetragenen Strichliste (des Histogramms) einer Gauß'schen Glockenkurve entspricht. Ist dies der Fall, sind die erfassten Messwerte normalverteilt und das Wahrscheinlichkeitsnetz kann konstruiert werden.

3. Addieren Sie die einzelnen Striche in den jeweiligen Klassen und tragen Sie die Summe in die Spalte „f" ein. Addieren Sie die Summen von unten nach oben auf und tragen dann die Ergebnisse in die Spalte „$\sum$ f" (absolute Summenhäufigkeit) ein. Rechnen Sie die Ergebnisse in Prozentwerte um und tragen diese in die Spalte „$\sum$ f%" (relative Summenhäufigkeit) ein.

4. Zeichnen Sie die Toleranzgrenzen (OGW und UGW) als durchgezogene Linie in das Wahrscheinlichkeitsnetz ein.

5. Berechnen Sie die +3s-Linie mit $\hat{\mu} + 3 \cdot \hat{\sigma}$ und die −3s-Linie mit $\hat{\mu} - 3 \cdot \hat{\sigma}$. Zeichnen Sie diese Linien als gestrichelte Linien in das Wahrscheinlichkeitsnetz ein. Das gleiche Ergebnis erhalten Sie, wenn Sie die +3s-Linie bei 99,73 % und die −3s-Linie bei 0,27 % einzeichnen.

6. Konstruieren Sie die Wahrscheinlichkeitsgerade wie folgt:
    a) Übertragen Sie die Prozentwerte entlang der Pfeile in das Wahrscheinlichkeitsnetz. Die Schnittpunkte ergeben sich aus der Prozentzahl auf der x-Achse mit der dazugehörenden Klassenweite auf der y-Achse.
    b) Nach Bestimmung aller Punkte zeichnen (interpolieren) Sie eine Gerade bester Näherung. Verlängern (extrapolieren) Sie diese Gerade bis zu den vertikalen ±3s-Linien bzw. Toleranzgrenzen.
    c) Ermöglicht sich keine gute Näherung, sind die Messwerte nicht normalverteilt.

Aufgabe: Konstruieren Sie aus den 125 Messwerten (siehe Messprotokoll „Drehteil") die Wahrscheinlichkeitsgerade.

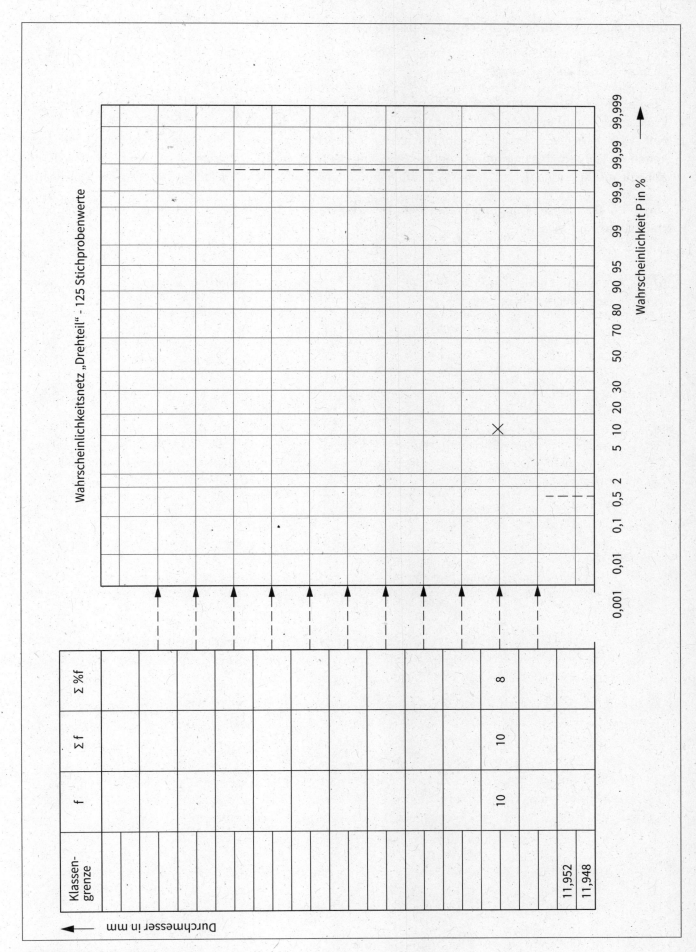

Bild 2.9: Wahrscheinlichkeitsnetz

Interpretation der Wahrscheinlichkeitsgeraden

- Der geschätzte Prozessmittelwert $\hat{\mu}$ bzw. $\bar{x}$ ergibt sich aus dem Schnittpunkt der 50 %-Vertikalen mit der Wahrscheinlichkeitsgeraden.

- Die geschätzte Prozessstandardabweichung $\hat{\sigma}$ ergibt sich über das Steigungsdreieck. Um das Steigungsdreieck zu konstruieren, zeichnen Sie für Δx eine Gerade von 50 % bis 84 % (50 % + s = 50 % + 34,14 %, wobei s = 34,14 % entspricht). Die Senkrechte Δy entspricht dem $\hat{\sigma}$-Wert. Die Steigung der Wahrscheinlichkeitsgeraden verhält sich proportional zur Streuung der Messwerte. Ein steiler Verlauf der Geraden deutet auf eine große Streuung hin. Ein flacher Verlauf hingegen verweist auf eine kleine Streuung der Messwerte.

- Durch Parallelverschiebung der Wahrscheinlichkeitsgeraden wird die Lage (Mittelwert) verschoben, d. h. Nachstellen der Maschine.

Aufgabe: Bestimmen Sie den Prozessmittelwert $\hat{\mu}$ und die Prozessstandardabweichung $\hat{\sigma}$ aus der Wahrscheinlichkeitsgeraden.

3 Statistische Prozessregelung

Die **statistische Prozessregelung** (SPC) umfasst die Werkzeuge MASCHINENFÄHIGKEITSUNTERSUCHUNG (MFU), PROZESSFÄHIGKEITSUNTERSUCHUNG (PFU) und die Prozessüberwachung mit QUALITÄTSREGELKARTEN (QRK). SPC ermöglicht es, in beherrschten und fähigen Prozessen zu fertigen.

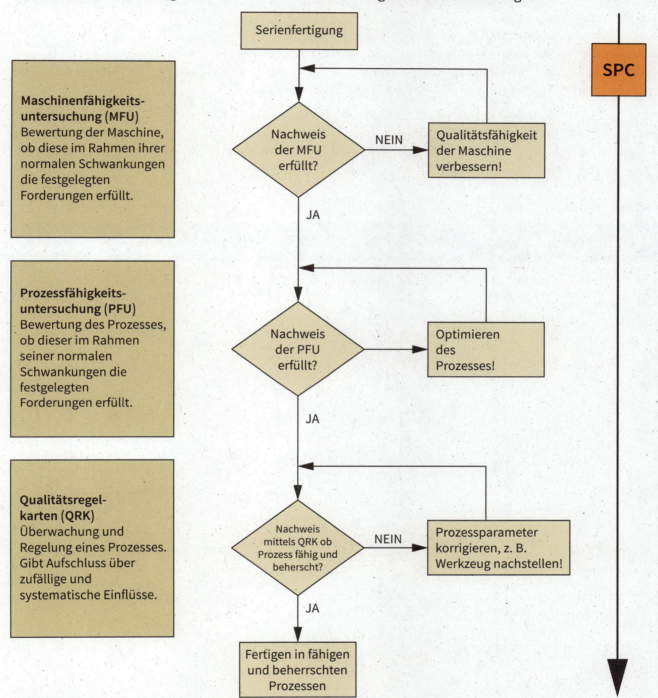

Bild 3.1: Zusammenhang zwischen SPC, MFU, PFU und QRK

3.1 Die Maschinenfähigkeitsuntersuchung

Zur Analyse des Prozesses wird zunächst eine **Maschinenfähigkeitsuntersuchung** durchgeführt. Die Maschinenfähigkeitsuntersuchung gibt Aufschluss über die Qualitätsfähigkeit einer Maschine oder Anlage, ob diese die vorgesehene Fertigungsaufgabe erfüllen kann. Die Maschinenfähigkeitsuntersuchung ist eine **Kurzzeituntersuchung** unter **Idealbedingungen**. Es werden mindestens 50 Messwerte in einem kurzen Zeitraum entnommen und ausgewertet.

3 Statistische Prozessregelung
3.1 Die Maschinenfähigkeitsuntersuchung

Idealbedingungen verschafft man sich dadurch, indem die 7M-Störgrößen weitgehend konstant gehalten, die beste Einrichtung und extra ausgesuchte Materialien eingesetzt werden.

Idealbedingungen:
- Nur eine Fertigungsstufe betrachten.
- Nur ein Material bearbeiten.
- Nur ein Mitarbeiter bedient die Maschine.
- Günstige Umweltparameter für die Maschine schaffen.
- Prüfmittel darf nicht gewechselt werden.
- Messwerte müssen vertrauenswürdig sein (Fähigkeit des Prüfmittels).

Die Maschinenfähigkeit wird mit den **Indizes c_m und c_{mk}** angegeben. Der Kennwert c_m beschreibt die Breite der Maschinenstreuung im Verhältnis zum Toleranzfeld. Der Index c_{mk} berücksichtigt zusätzlich zur Streuung die Lage der Maschinenfähigkeit. Die Mindestforderung für die Maschinenfähigkeit ist ein c_m-Wert von mindestens **1,67** und ein c_{mk}-Wert von **1,33**.

– Formeln zur Berechnung 3 –

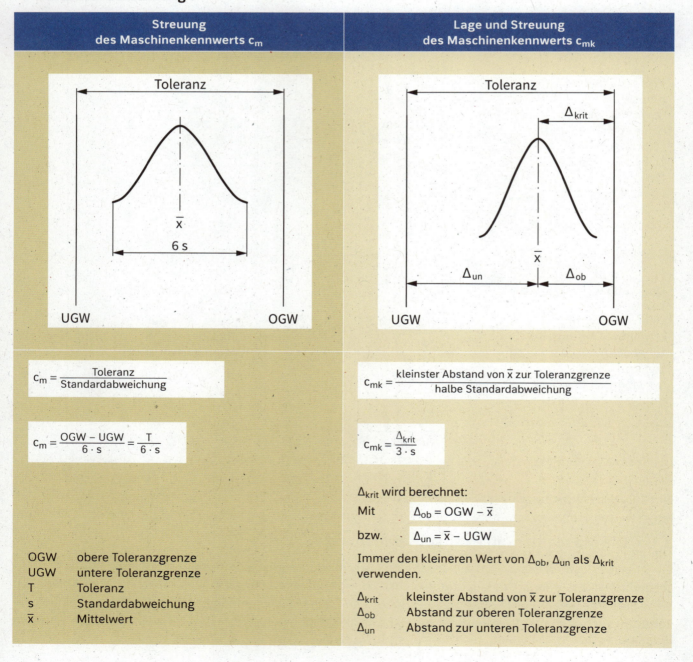

Streuung des Maschinenkennwerts c_m	Lage und Streuung des Maschinenkennwerts c_{mk}
$c_m = \dfrac{\text{Toleranz}}{\text{Standardabweichung}}$	$c_{mk} = \dfrac{\text{kleinster Abstand von } \bar{x} \text{ zur Toleranzgrenze}}{\text{halbe Standardabweichung}}$
$c_m = \dfrac{OGW - UGW}{6 \cdot s} = \dfrac{T}{6 \cdot s}$	$c_{mk} = \dfrac{\Delta_{krit}}{3 \cdot s}$

Δ_{krit} wird berechnet:

Mit $\quad \Delta_{ob} = OGW - \bar{x}$

bzw. $\quad \Delta_{un} = \bar{x} - UGW$

Immer den kleineren Wert von Δ_{ob}, Δ_{un} als Δ_{krit} verwenden.

OGW	obere Toleranzgrenze
UGW	untere Toleranzgrenze
T	Toleranz
s	Standardabweichung
$\bar{x}$	Mittelwert

Δ_{krit}	kleinster Abstand von $\bar{x}$ zur Toleranzgrenze
Δ_{ob}	Abstand zur oberen Toleranzgrenze
Δ_{un}	Abstand zur unteren Toleranzgrenze

Aufgabe: Um Drehteile fertigen zu können, soll im Vorfeld eine Maschinenfähigkeitsuntersuchung durchgeführt werden. Dazu sind 50 Drehteile hintereinander gefertigt und gemessen worden. Berechnen Sie die beiden Kennwerte c_m und c_{mk} aus den folgenden 50 Messwerten des Messprotokolls. Interpretieren Sie die Ergebnisse.

Messprotokoll (Alle Messwerte sind in mm angegeben)

11,995	11,992	11,995	11,986	11,991	11,988	11,993	11,994	11,990	11,991
11,995	11,995	11,996	11,995	11,992	11,991	11,995	11,991	11,993	11,997
11,986	11,997	11,996	11,988	11,996	11,994	11,995	11,992	11,998	11,994
11,991	11,998	11,993	11,995	11,987	11,995	11,994	11,987	11,992	11,987
11,991	11,993	11,990	11,997	11,994	11,995	11,993	11,988	11,985	11,991

Die Toleranz des geforderten Merkmals beträgt 12h9.

Die Berechnung ergibt: $\bar{x}$ = _____

s = _____

Streuung: c_m = _____

Lage: c_{mk} = _____

mit Δ_{krit}: Δ_{ob} = _____

und Δ_{un} = _____

Δ_{krit} = _____

c_{mk} = _____

Die Maschinenfähigkeit _____

Maßnahme: _____

3.2 Die Prozessfähigkeitsuntersuchung

Die **Prozessfähigkeitsuntersuchung** gibt an, ob der Prozess die an ihn gestellten Anforderungen in der laufenden Produktion erfüllen kann, also: „Fertigt der Prozess langfristig innerhalb der Toleranzgrenzen?" Für die Ermittlung der Prozessfähigkeit werden bei Prozessvorläufen mindestens 25 Stichproben entnommen und ausgewertet. Man spricht dann von einer **Langzeituntersuchung** unter **Realbedingungen**, d. h., alle Störgrößen wirken auf den Fertigungsprozess. Die Prozessfähigkeit wird genau wie die Maschinenfähigkeit mit Fähigkeitsindizes beschrieben.

Der Kennwert c_p beschreibt die Breite der Prozessstreuung im Verhältnis zum Toleranzfeld. Der Index c_{pk} berücksichtigt zusätzlich zur Streuung die Lage des Prozesses. Die Mindestforderung für die Prozessfähigkeit ist ein c_p-Wert von mindestens **1,33** und ein c_{pk}-Wert von **1,00**. Die Forderung ist im Vergleich zur Maschinenfähigkeit reduziert, da bei der Prozessfähigkeit unter Realbedingungen gefertigt wird.

3 Statistische Prozessregelung
3.2 Die Prozessfähigkeitsuntersuchung

– Formeln zur Berechnung 4 –

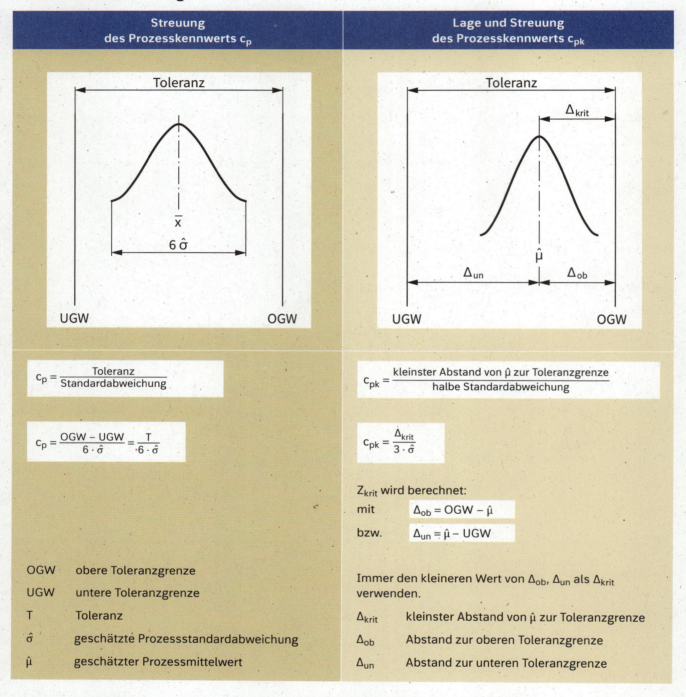

Streuung des Prozesskennwerts c_p

$$c_p = \frac{\text{Toleranz}}{\text{Standardabweichung}}$$

$$c_p = \frac{OGW - UGW}{6 \cdot \hat{\sigma}} = \frac{T}{6 \cdot \hat{\sigma}}$$

OGW	obere Toleranzgrenze
UGW	untere Toleranzgrenze
T	Toleranz
$\hat{\sigma}$	geschätzte Prozessstandardabweichung
$\hat{\mu}$	geschätzter Prozessmittelwert

Lage und Streuung des Prozesskennwerts c_{pk}

$$c_{pk} = \frac{\text{kleinster Abstand von } \hat{\mu} \text{ zur Toleranzgrenze}}{\text{halbe Standardabweichung}}$$

$$c_{pk} = \frac{\Delta_{krit}}{3 \cdot \hat{\sigma}}$$

Z_{krit} wird berechnet:

mit $\quad \Delta_{ob} = OGW - \hat{\mu}$

bzw. $\quad \Delta_{un} = \hat{\mu} - UGW$

Immer den kleineren Wert von Δ_{ob}, Δ_{un} als Δ_{krit} verwenden.

Δ_{krit}	kleinster Abstand von $\hat{\mu}$ zur Toleranzgrenze
Δ_{ob}	Abstand zur oberen Toleranzgrenze
Δ_{un}	Abstand zur unteren Toleranzgrenze

Im folgenden Bild sind verschiedene Prozesse und deren Fähigkeitsindizes dargestellt und interpretiert.

3.2 Die Prozessfähigkeitsuntersuchung

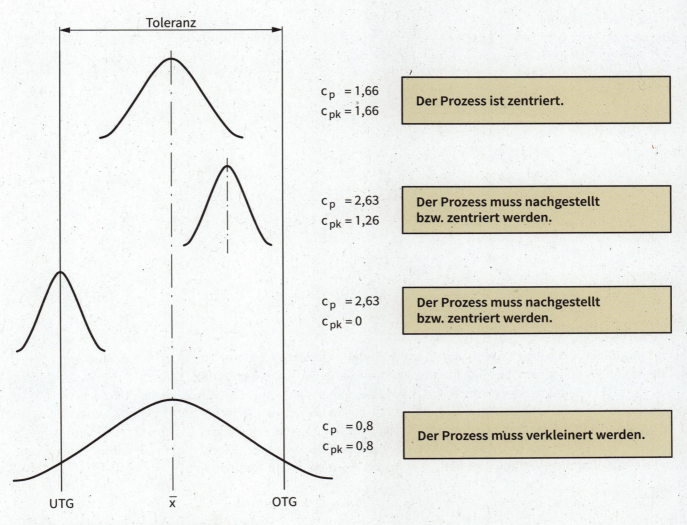

Bild 3.2: Interpretieren der Prozessparameter

Aufgabe: Berechnen Sie die Prozessfähigkeit der Fertigung des Drehteils in unserem Beispiel. Verwenden Sie die Messwerte aus der Tabelle auf Seite 11. Interpretieren Sie die Ergebnisse.

Die Berechnung ergibt: $\hat{\mu} = \overline{\overline{x}} =$ _____ $\overline{s} =$ _____

$\hat{\sigma} =$ _____

Streuung: $c_p =$ _____

Lage: $c_{pk} =$ _____

mit Δ_{krit}:

$\hat{\mu} =$ _____

$\Delta_{ob} =$ _____

$\Delta_{un} =$ _____

$\Delta_{krit} =$ _____

$c_{pk} =$ _____

Die Prozessfähigkeit _____
_____
_____
_____

Maßnahme: _____
_____
_____
_____

3.3 Die Qualitätsregelkarte

Qualitätsregelkarten werden eingesetzt, um Veränderungen am Prozess anzuzeigen. Die Qualitätsregelkarte übernimmt im Regelkreis die Funktion des Reglers (siehe Bild 1.2 – Regelkreis). Qualitätsregelkarten zeigen systematische Streuungsursachen auf, z. B. Werkzeugverschleiß oder eine Beschädigung der Maschine. Dies ermöglicht es, rechtzeitig geeignete Maßnahmen zur Abstellung dieser systematischen Streuungsursachen zu ergreifen und ein wiederholtes Auftreten zu vermeiden. In einer Qualitätsregelkarte müssen alle gezielten Einflussnahmen auf den Prozess, z. B. Werkzeugwechsel, und besondere Vorkommnisse, z. B. ein Maschinendefekt, dokumentiert werden. Beispiel einer Regelkarte[3] ist die Shewhart-Regelkarte.

3.3.1 Die Shewhart-Regelkarte

Bei der Überwachung des Prozesses mit der **Shewhart-Regelkarte** werden in regelmäßigen Abständen Stichproben entnommen. Hierfür sind die technisch-wirtschaftlichen Rahmenbedingungen des Prozesses ausschlaggebend. Der **Stichprobenumfang** (n, Anzahl der Teile je Prüfung) beträgt in der Regel fünf Teile und muss stets gleich groß sein. Außerdem müssen alle Teile einer Stichprobe nacheinander (in Serie) hergestellt werden.

Die Messwerte werden ausgewertet, indem der Mittelwert $\bar{x}$ und die Standardabweichung s bzw. die Spannweite R berechnet werden. Man spricht dann von $\bar{x}$/s-Karte bzw. $\bar{x}$/R-Karte. Diese Ergebniswerte werden in die Qualitätsregelkarte eingetragen. Dadurch erhält man einen zeitlichen Verlauf der Werte. **Eingriffsgrenzen** beschreiben den Bereich, in dem die Abweichung der Stichprobenkennwerte, beispielsweise $\bar{x}$ oder s, zulässig ist. Werden diese Grenzen überschritten, muss der Prozess unterbrochen, der Fehler analysiert und behoben werden. Weiterhin müssen die Teile, die seit der letzten Stichprobe gefertigt wurden, gesperrt und fehlerhafte Einheiten aussortiert werden (100 %-Prüfung). Die Eingriffsgrenzen sind nicht gleich den Toleranzgrenzen. Wird in diesem Fall die Grenze überschritten, wurde bereits Ausschuss gefertigt. Man darf den Prozess demnach nicht nach Toleranzgrenzen regeln.

---
[3] Andere Qualitätsregelkarten werden hier nicht beschrieben.

3.3 Die Qualitätsregelkarte

Kartenart, z. B. $\bar{x}$	Bezeichnung, z. B. Bolzen	Merkmal, z. B. Durchmesser	Nennmaß, z. B. Ø 20,05	OEG = ... UEG = ...	Prüfer, z. B. Meister

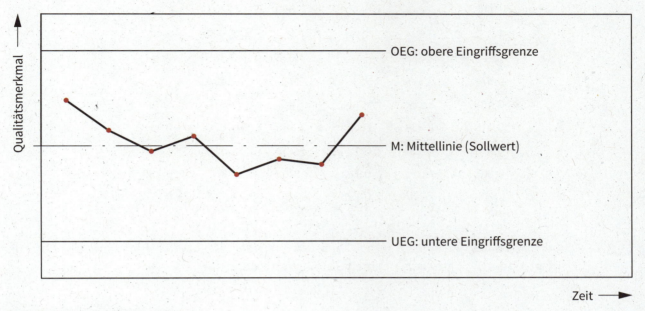

Bild 3.3: Shewhart-Regelkarte

Zur Berechnung der Eingriffsgrenzen müssen die Parameter $\bar{\bar{x}}$ und $\bar{s}$ des Prozesses bekannt sein. Diese werden im Prozessvorlauf mithilfe der Prozessfähigkeitsuntersuchung ermittelt. In der Praxis benutzt man die Tabellenwerte A_2, A_3, B_3, B_4, D_3 und D_4 zur einfacheren Berechnung der Eingriffsgrenzen OEG und UEG.

– Formeln zur Berechnung 5 –

$\bar{X}/s$-Karte	$\bar{X}/R$-Karte
$OEG_{\bar{x}} = \bar{\bar{x}} + A_3 \cdot \bar{s}$	$OEG_{\bar{x}} = \bar{\bar{x}} + A_2 \cdot \bar{R}$
$UEG_{\bar{x}} = \bar{\bar{x}} - A_3 \cdot \bar{s}$	$UEG_{\bar{x}} = \bar{\bar{x}} - A_2 \cdot \bar{R}$
$OEG_s = B_4 \cdot \bar{s}$	$OEG_R = D_4 \cdot \bar{R}$
$UEG_s = B_3 \cdot \bar{s}$	$UEG_R = D_3 \cdot \bar{R}$
$OEG_{\bar{x}}$ obere Eingriffsgrenze der $\bar{x}$-Karte $UEG_{\bar{x}}$ untere Eingriffsgrenze der $\bar{x}$-Karte OEG_s obere Eingriffsgrenze der s-Karte UEG_s untere Eingriffsgrenze der s-Karte	OEG_R obere Eingriffsgrenze der R-Karte UEG_R untere Eingriffsgrenze der R-Karte

3 Statistische Prozessregelung
3.3 Die Qualitätsregelkarte

Tabelle[4] zur Berechnung der Eingriffsgrenzen

Stichprobenumfang n	Faktor A_2	Faktor D_4	Faktor D_3	Faktor A_3	Faktor B_4	Faktor B_3
2	1,880	3,267	–	2,659	3,267	–
3	1,023	2,574	–	1,954	2,568	–
4	0,729	2,282	–	1,628	2,266	–
5	0,577	2,114	–	1,427	2,089	–
6	0,483	2,004	–	1,287	1,970	0,030
7	0,419	1,924	0,076	1,182	1,882	0,118
8	0,373	1,864	0,136	1,099	1,815	0,185
9	0,337	1,816	0,184	1,032	1,761	0,239
10	0,308	1,777	0,223	0,975	1,716	0,284

Aufgabe: Zeichnen Sie zu dem Beispiel „Drehteil" eine $\bar{x}/s$-Shewhart-Regelkarte. Berechnen Sie dazu die Eingriffsgrenzen. Als Mittellinie nehmen Sie die Werte $\bar{\bar{x}}$ und $\bar{s}$.

Die Berechnung ergibt: $OEG_{\bar{x}}$ = _____

$UEG_{\bar{x}}$ = _____

OEG_s = _____

UEG_s = _____

---
[4] Tabelle nach Steinbeis-Transferzentrum Qualität und Umwelt Ulm

3.3 Die Qualitätsregelkarte

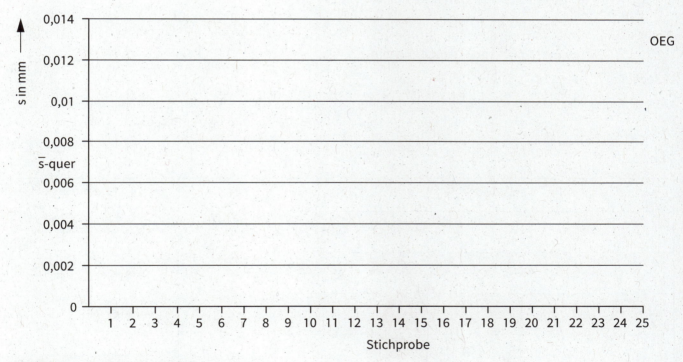

Bild 3.4: $\bar{x}/s$-Shewhart-Regelkarte

3.3.2 Regelkartenanalyse

Zur Analyse der Shewhart-Regelkarte wird diese in sechs Zonen eingeteilt. Die Breite der einzelnen Zonen ergibt sich aus sechs gleichen Teilen zwischen der unteren und der oberen Eingriffsgrenze bzw. entspricht einer Standardabweichung s.

Aufgabe: Zeichnen Sie in die erstellte $\bar{x}/s$-Shewhart-Regelkarte jeweils diese sechs Zonen ein. Färben Sie die Zonen A rot, die Zonen B gelb und die Zonen C grün ein.

Im **Grenzbereich** der Eingriffsgrenzen

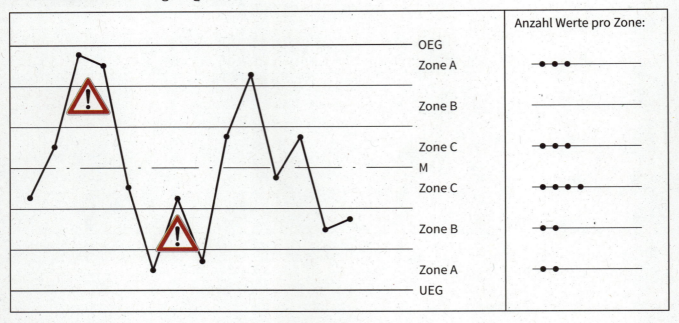

Bild 3.5: Prüfergebnis liegt zwischen Warngrenze und Eingriffsgrenze

Beobachtung: Zwei von drei aufeinanderfolgende Prüfergebnisse liegen auf der gleichen Seite (von der Mittellinie aus gesehen) in der Zone A.

Ursachen: Verschlechterung des Prozesses.

Maßnahmen: Prozess muss verschärft beobachtet werden. Es sollte umgehend eine weitere Stichprobe gezogen werden. Liegt das Ergebnis wieder in der Zone A, ist der Prozess zu korrigieren.

Run

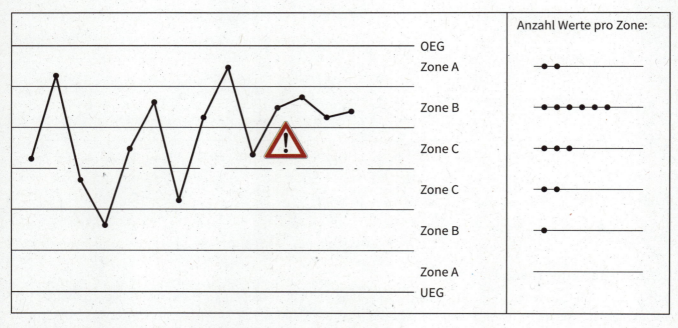

Bild 3.6: Prüfergebnisse liegen in Folge (Run) zueinander

Beobachtung: Sieben oder mehr aufeinanderfolgende Prüfergebnisse liegen auf einer Seite von der Mittellinie aus gesehen. Diesen Verlauf der Messwerte bezeichnet man als „Run".

Ursachen: $\bar{x}$-Karte (R- oder s-Karte muss natürlichen Verlauf aufweisen).

Werkzeugverschleiß, Umstellung auf ein anderes Material, Chargenwechsel, neues Werkzeug, neue Maschine oder Fertigungsmethode, neues Personal.

R- oder s-Karte.

Umstellung auf ein anderes Material oder einen anderen Lieferanten, neues Personal oder Maschine.

Maßnahmen: Prozess muss verschärft beobachtet werden, um die Verschiebung des Prozessmittelwerts zu ergründen. Es sollten umgehend weitere Stichproben gezogen werden.

Trend

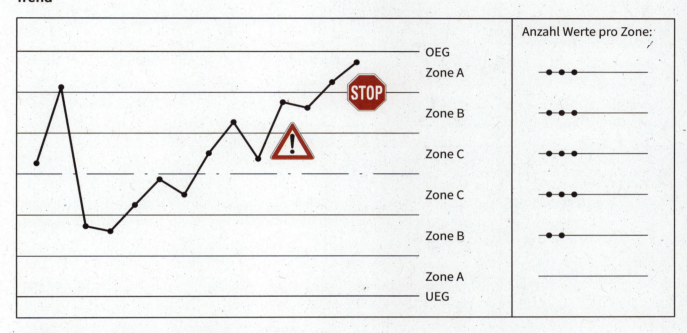

Bild 3.7: Prüfergebnisse liegen in Folge (Trend) zueinander

Beobachtung: Sieben oder mehr aufeinanderfolgende Prüfergebnisse zeigen eine steigende oder fallende Tendenz. Diesen Verlauf der Messwerte bezeichnet man als „Trend".

Ursachen: $\bar{x}$-Karte (R- oder s-Karte muss natürlichen Verlauf aufweisen).

Werkzeugverschleiß, Verschleiß an Vorrichtung oder Messgeräten, schlechte Wartung oder ungenügende Sauberkeit, Ermüdung des Personals.

R- oder s-Karte (steigende Tendenz).

Werkzeug wird stumpf, allgemeine Lockerung oder Abnutzung der Geräte.

R- oder s-Karte (fallende Tendenz).

Auswirkung einer besseren Wartung, kontinuierlich verbesserte Fertigungsmethode (Feststellen, wodurch die Prozessverbesserung zustande gekommen ist, um diese in den weiteren Fertigungsablauf einbinden zu können), fehlerhafte oder beschönigte Prüfung.

Maßnahmen: Prozess unterbrechen, um die Verschiebung des Prozessmittelwerts zu ergründen.

Perioden

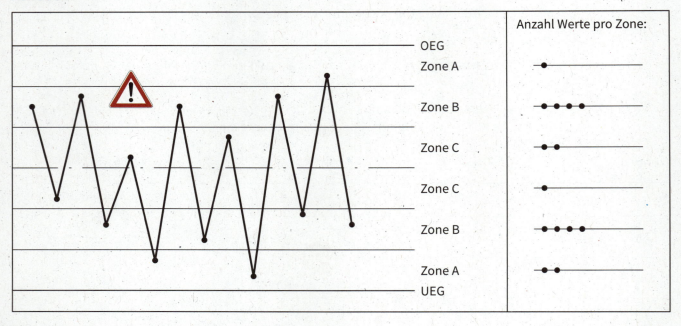

Bild 3.8: Systematischer Verlauf der Prüfergebnisse

Beobachtung: Periodisches Verhalten der Punkte, z. B. auf einen Punkt oberhalb der Mittellinie folgt ein Punkt unterhalb der Mittellinie. Der Verlauf ist vorhersehbar. Diesen Verlauf der Messwerte bezeichnet man als „Perioden".

Ursachen: $\bar{x}$-Karte

Unterschiedliche Messgeräte, Unterschiede zwischen den Schichten, systematische Aufteilung der Daten.

R- oder s-Karte.

Systematische Aufteilung der Daten.

Maßnahmen: Fertigungsprozess nach Einflüssen untersuchen.

Middle Third

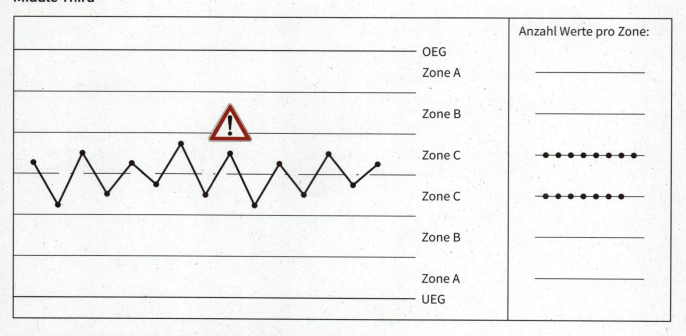

Bild 3.9: Mehr als 2/3 aller Prüfergebnisse in Zone C

3.3 Die Qualitätsregelkarte — 3 Statistische Prozessregelun

Beobachtung: Mindestens 15 Prüfergebnisse liegen hintereinander über oder unter der Mittellinie in Zone C. Diesen Verlauf der Messwerte bezeichnet man als „Middle Third".

Ursachen: $\bar{x}$-Karte.

Verbesserte Fertigung oder größere Sorgfalt, Änderung beim Wartungsprogramm, bessere Beaufsichtigung (Einführung von Kontrollen), Beschönigen der Prüfergebnisse.

R- oder s-Karte.

Bessere Vorrichtungen, Methoden oder Fertigkeiten, größere Sorgfalt des Bedieners.

Maßnahmen: Feststellen, wodurch die Prozessverbesserung zustande gekommen ist, um diese in den weiteren Fertigungsablauf einbinden zu können. Überprüfung der Prüfergebnisse auf ihre Richtigkeit.

Aufgabe: Analysieren Sie die erstellte $\bar{x}$/s-Shewhart-Regelkarte auf Seite 27.

$\bar{x}$-Spur:

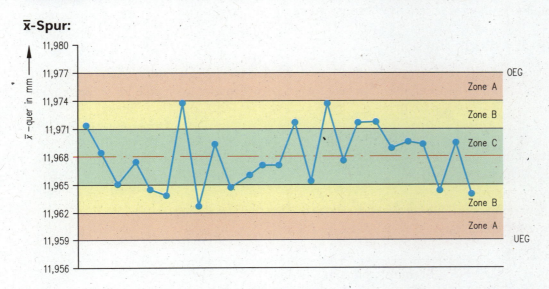

s-Spur:

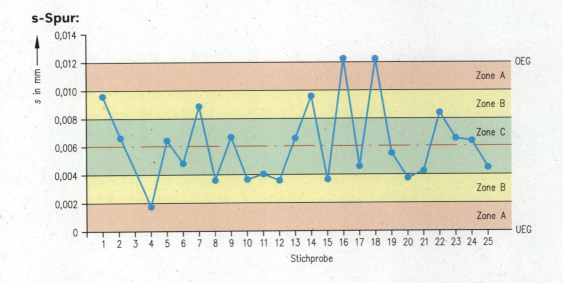

4 Fehlermöglichkeits- und Einflussanalyse (FMEA)

4.1 Zweck der FMEA

Sinn der FMEA ist es, mögliche Ursachen für Fehler in einem frühen Entwicklungsstadium zu verhindern. Dadurch stellen die Unternehmen sicher, dass ihre Produkte und Prozesse frei von Fehlern sind. Dies hat eine hohe Kundenzufriedenheit zur Folge. Außerdem werden Kosten zur Fehlerbeseitigung gesenkt. Die FMEA-Methode ist somit ein Instrument der kontinuierlichen Verbesserung von Systemen, Produkten und Prozessen. Die FMEA wird in der Entwicklungsphase eines Produktes/Prozesses eingesetzt.

Die Kennzeichen der Methode FMEA sind:

- Die FMEA ist eine systematische, teamorientierte Analysemethode.
- Die FMEA veranschaulicht mögliche Risiken in Systemen, Produkten oder Prozessen
- Die FMEA dokumentiert das vorhandene Expertenwissen im Unternehmen
- Die FMEA unterstützt das Risikomanagement und reduziert das Krisenmanagement
- Die FMEA fördert abteilungsübergreifend den Wissenstransfer im Unternehmen

4.2 Aufbau des FMEA-Formulars

Das FMEA-Formular ist ein spaltenorientiertes Formular, welches meist von links (System) nach rechts (Fehler, Folgen, Ursachen, Maßnahmen) erarbeitet und gelesen wird. Das Formular lässt sich in folgende übergreifenden Felder einteilen:

> 0. Stammdaten (Beschreibung, Identifikation der FMEA-Analyse und des FMEA-Themas)
> 1. Beschreibung des Ist-Zustandes
> 2. Bewertung des Ist-Zustandes
> 3. Beschreibung möglicher und empfohlener Verbesserungen (Abstellmaßnahmen)
> 4. Bewertung des verbesserten Zustandes

Bild 4.1: Aufbau FMEA-Formular

4.3 Ausfüllen eines FMEA-Formulars

Fehlermöglichkeits- und Einflussanalyse											Teilename:		erstellt durch:		Team:			
Lieferanten:		Abteilungen:									Teilenummer:		geändert durch:					
						K-FMEA: X					Modell/System/Typ:		Änderungsstand:					
						P-FMEA:												
						Erstellungsdatum: letzte Änderung:												
Nr.	System Bau- gruppe Prozess	Funk- tion	mög- liche Fehler	mögliche Folgen	mögliche Ursachen	derzeitige Abstell- maßnah- men	Auf- tre- ten	Be- deu- tung	Entde- ckung	RPZ	empfoh- lene Abstell- maßnah- men	Verant- wortl. Termin	durchge- führte Abstell- maßnahmen	Auf- tre- ten	Be- deu- tung	Entde- ckung	RPZ
	0																	
1	1	2	3	4	5	6	7	8	9	10	11	12	13	14	14		14
2																	
3																	

Bild 4.2: Inhalt FMEA-Formular

0. Hier wird als erstes der komplette Schriftkopf ausgefüllt, um sich einen Überblick zu verschaffen
1. In „System" wird das FMEA-Thema definiert
2. In der „Funktion" werden relevante Funktionen des analysierten Produktes/Prozesses definiert
3. Kehrt man die in der Spalte „Funktion" beschriebenen wichtigen Qualitätsmerkmale /-funktionen um, hat man die wichtigsten möglichen Fehler definiert z. B. ... Diese möglichen Fehler sollten möglichst konkret beschrieben sein, das heißt der Wert, ab welchem man von einem Fehler spricht, sollte beschrieben sein z. B. ... .
4. Die Folgen beschreiben das direkte Ereignis bzw. Resultat nach dem Fehlereintritt. „Was passiert, wenn der Fehler eingetreten ist?"
5. Die Ursachen berücksichtigen Konstruktions-/Auslegungsfehler bzw. Produktions-/Montagefehler
6. Die derzeitigen Abstellmaßnahmen beschreiben im Moment schon eingeführte und wirksame Abstellmaßnahmen. Die momentan wirkenden Abstellmaßnahmen haben Einfluss in der Bewertung des Ist-Zustandes.
7. Die Auftretenswahrscheinlichkeit des Fehlers bewertet die Möglichkeit des Fehlereintritts, wenn ermittelte Ursachen vorliegen. Die Bewertungsziffern sind von 1 (geringe Auftretenswahrscheinlichkeit) bis 10 (hohe Auftretenswahrscheinlichkeit) skaliert.
8. Die Bedeutung der Folge bewertet die Schwere der Auswirkungen des Fehlers. Die Bewertungsziffern sind von 1 (nicht bemerkt vom Kunden) bis 10 (Personenschaden) skaliert.
9. Die Entdeckungswahrscheinlichkeit bewertet die Möglichkeit, die Ursache vor Fehlereintritt zu entdecken. Hier sind die Werte von 1 (hohe Entdeckung) bis 10 (praktisch keine Entdeckung) skaliert.
10. Die Risikoprioritätszahl (RPZ) quantifiziert das Risiko durch Multiplikation der Bewertungen (RPZ = Auftreten · Bedeutung · Entdeckung). Tritt ein Fehler mit hoher Auftretenswahrscheinlichkeit auf, führt dieser zu einer kritischen Folge. Ist zudem der Fehler kaum zu entdecken, wird die RPZ damit sehr hoch. Die RP-Zahl kann Werte von $1 \cdot 1 \cdot 1 = 1$ bis $10 \cdot 10 \cdot 10 = 1000$ annehmen. Die Erfahrung zeigt, dass RP-Zahlen größer 100 als Risiko zu werten sind und durch gezielte Maßnahmen reduziert werden müssen.
11. Empfohlene Maßnahmen sind während der Arbeitssitzung mit FMEA durch das Team ermittelt worden. Die definierten Prüfmaßnahmen können später als Grundlage für Prüfpläne bzw. Prüfanweisungen dienen. Empfohlene Maßnahmen müssen bezüglich ihrer Umsetzbarkeit, ihrer Kosten und ihrer Wirkung bewertet werden.
12. Für die Bewertung oder Durchführung der empfohlenen Maßnahmen werden Verantwortlichkeiten und Termine definiert. Ziel ist eine Verfolgung der Umsetzung der Maßnahmen.
13. Durchgeführte Maßnahmen sind im Gegensatz zu empfohlenen Maßnahmen wirklich umgesetzte Maßnahmen.
14. Die in der FMEA dokumentierten Fehler-Folgen-Ursachen-Ketten werden nach Einführung und Durchführung einer Maßnahme erneut bewertet, um die Wirksamkeit und Effektivität zu ermitteln und um notwendigerweise weitere Maßnahmen zu planen und durchzuführen.

4.4 FMEA am Fallbeispiel eines Handtuchs

Aufgabe: Erarbeiten Sie im Team die Inhalte der FMEA über das Produkt „Handtuch". Füllen Sie dazu das folgende leere Formular aus.

4.4 FMEA am Fallbeispiel eines Handtuchs

Fehlermöglichkeits- und Einflussanalyse									Teilename:		Teilenummer:	Modell/System/Typ:	erstellt durch:	geändert durch:	Änderungsstand:				Team:			
		Lieferanten:	Abteilungen:	K-FMEA:	P-FMEA:	Erstellungsdatum: letzte Änderung:																
Nr.	System Baugruppe Prozess	Funktion	mögliche Fehler	mögliche Folgen	mögliche Ursachen	derzeitige Abstellmaßnahmen	Auftreten	Bedeutung	Entdeckung	RPZ	empfohlene Abstellmaßnahmen	Verantwortl. Termin	durchgeführte Abstellmaßnahmen	Auftreten	Bedeutung	Entdeckung	RPZ
1																	
2																	
3																	

Bild 4.3: ausgefülltes FMEA-Formular

5 Sachwortverzeichnis

100 %-Prüfung 5
7M-Störgrößen 6

A
Auftretenswahrscheinlichkeit des Fehlers 36

B
Bedeutung der Folge 36

E
Eingriffsgrenzen 26
Entdeckungswahrscheinlichkeit der Ursache 36

F
Fehlermöglichkeits- und Einflussanalyse (FMEA) 34
FMEA-Formular 34, 35

G
Gauß'sche Glockenkurve 13
Geschätzte Prozessstandardabweichung 16
Geschätzter Prozessmittelwert 16
Grenzbereich der Eingriffsgrenzen 30
Grundgesamtheit 5

H
Histogramm 13

I
Idealbedingungen 21

K
Klassen k 12
Klassenweite w 12
Kurzzeituntersuchung 21

L
Lage des Prozesses 13
Langzeituntersuchung 23

M
Maschinenfähigkeitsindizes 22
Maschinenfähigkeitsuntersuchung 21
Middle Third 32
Mittelwert 13
mögliche Fehler 36
mögliche Folgen 36
mögliche Ursachen 36

N
Normalverteilung 13

O
On-Line-Prüfung 6

P
Perioden 32
Prozentzahlen der Normalverteilung 15
Prozessfähigkeitsindizes 23
Prozessfähigkeitsuntersuchung 23
Prozessmodell 5
Prüfplan 9

R
Realbedingungen 23
Regelkartenanalyse 29
Risikoprioritätszahl (RPZ) 36
Run 30

S
Shewhart-Regelkarte 26
Spannweite 13
Standardabweichung 13
Ständige Verbesserung 5
Statistische Prozessregelung 5, 21
Stichproben 5
Stichprobenumfang 26
Streuung des Prozesses 13
Strichliste 12
Systematische Einflüsse 7

T
Trend 31

U
Ursache-Wirkungs-Diagramm 7

W
Wahrscheinlichkeitsgerade 18
Wahrscheinlichkeitsnetz 18
W-Fragen 9

Z
Zufällige Einflüsse 7

6 Bildquellenverzeichnis

|Di Gaspare, Michele (Bild und Technik Agentur für technische Grafik und Visualisierung), Bergheim: 5.1, 6.1, 7.1, 8.1, 8.2, 9.1, 12.1, 12.2, 13.1, 14.1, 14.2, 15.1, 15.2, 16.1, 17.1, 17.2, 19.1, 21.1, 22.1, 22.2, 24.1, 24.2, 25.1, 27.1, 29.1, 29.2, 30.1, 30.2, 31.1, 32.1, 32.2, 33.1, 33.2.